HOMMAGE

RELIGIEUX ET FRATERNEL

A LA MÉMOIRE

DE JEAN-FRÉDÉRIC MESTREZAT,

Ministre du Saint-Évangile, Président de Consistoire, l'un des Pasteurs de l'Église Réformée Consistoriale du Département de la Seine, et Membre de la Légion d'Honneur, décédé le 8 Mai 1807.

IMPRIMÉ PAR DÉLIBÉRATION DU CONSISTOIRE.

PÉRORAISON

PRONONCÉE A PARIS,

DANS LE TEMPLE

DES CHRÉTIENS RÉFORMÉS,

Rue Saint-Thomas du Louvre, le dimanche 10 Mai 1807, à la suite d'un discours adressé à des Catéchumènes admis à la participation de la Sainte-Cène ; à l'occasion de la mort, et immédiatement avant les obsèques de M. JEAN - FRÉDÉRIC MESTREZAT.

Par RABAUT-POMIER, Président du Consistoire, l'un des Pasteurs de l'Église Réformée de Paris et membre de la Légion d'Honneur.

CHRÉTIENS, mes très-chers frères, ne perdons pas les salutaires impressions qu'aura sans doute produites en nous la solemnité de ce jour, et après avoir accompagné ces jeunes gens de nos vœux et de nos prières, replions-nous sur nous - mêmes, rentrons dans nos cœurs, interrogeons nos consciences. Que sont devenues nos saintes promesses ? Où sont les jours heureux de notre première innocence ? Des jours coupables leur auroient-ils succédé ? Ah! si des ressouvenirs douloureux accusent notre foiblesse ; si nous avons été infidèles à des engagemens , que nous aussi , depuis long-temps, avons solemnellement contractés, revenons à nous-mêmes, il en est peut-être temps encore ; recommençons notre carrière spirituelle ; redevenons catéchumènes, et prenons de sages précautions pour n'être pas de nouveau parjures à des promesses aussi solemnelles et si souvent réitérées.

Voudriez-vous attendre pour embellir votre vie d'actions utiles et de vertus généreuses, qu'elle soit à moitié écoulée ? que leurs nombreuses et précieuses occasions soient entièrement perdues ? que de dangereuses habitudes vous en aient ôté la volonté ou la force ? que la vieillesse ne vous laisse que le temps incertain d'un inutile et douloureux repentir ? voulez-vous attendre que la mort.... Mais quel mot funeste ai-je prononcé, et quel fatal événement ce mot cruel me rappelle !..... Il n'est plus au milieu de nous ce pasteur vénérable qui naguères reçut aussi de jeunes néophytes au nombre des fidèles de cette église, et leur adressa de si touchantes exhortations! Cette chaire, cet auditoire, ses collègues, ses élèves en Christ le demanderont en vain. La mort, pressée d'être cruelle, a rapidement enlevé, à peine parvenu au milieu de sa carrière, un pasteur recommandable par ses qualités personnelles; bon époux, bon père, bon citoyen, bon ami, prudent en conseil, père des pauvres, consolateur de l'affligé, profondément instruit dans les saintes lettres, prédicateur éloquent.

Jean-Frédéric Mestrezat, né à Genève, dont un des ancêtres, dans des temps moins heureux pour la religion, avoit été pasteur de l'Eglise Réformée de Paris, ayant été lui-même pasteur de l'église de Bâle en Suisse, pendant sept années, après avoir exercé avec distinction le ministère évangélique pendant quatre années dans cette Eglise, vient de terminer au milieu de nous son honorable carrière. Une maladie qui promène dans cette ville ses promptes et impitoyables fureurs, et contre laquelle l'art le plus exercé, les secours les plus affectueux, la sollicitude conjugale la plus attentive, ont vainement lutté, l'a enlevé à nos vœux, à nos espérances, à nos besoins. Epouse, enfans, parens, amis, collègues inconsolables, vous avez été les témoins de cette sérénité, fruit d'une conscience calme et d'affections vertueuses, qui malgré sa longue agonie et l'oppression douloureuse de sa poitrine et de sa voix inarticulée, a constamment caractérisé ses dernières heures: vous avez vu ses traits défaillans s'animer, un sourire angélique se peindre sur ses lèvres mourantes, chaque fois que nous l'avons entretenu du Christ, des objets du ciel, des espérances dont sa belle ame étoit remplie. Vous étiez, vous fidèles qu'il portoit dans son cœur, vous étiez aussi l'objet de ses pensées et de ses sentimens; ses mains, déjà glacées, soutenues par celles de ses collègues, se sont posées sur les têtes qui lui étoient les plus chères; il les a, il vous a tous bénis. Pauvres, malades, affligés, vous tous dont les cœurs ou les consciences ont besoin de consolation, vous n'entendrez plus celui dont les prières pleines d'onction et les prédications touchantes vous ont rendus si souvent au calme et au courage..... Ah! je les vois et je les entends; vos larmes et vos soupirs sont justes, donnez-leur un libre cours. Mais non! ils doivent céder à la voix de la religion, au sentiment du bonheur dont jouit celui que vous pleurez, aux exhortations qu'il vous a si souvent adressées; et s'il pouvoit faire entendre sa voix touchante, il vous diroit ce qui en diverses circonstances a servi de texte à ses discours, et qui doit être profondément gravé dans votre mémoire : *Nous sommes étrangers et voyageurs sur la terre ; desirez une patrie meilleure qui est votre patrie céleste ; cherchez les choses qui sont du ciel et non point celles qui sont de la terre ; cherchez Dieu de tout votre cœur et ne vous écartez pas de ses commandemens. Vous approcher de Dieu est votre bien ; choisissez la bonne part, et elle ne vous sera point ôtée.* Combien n'ai-je pas regretté que sa voix défaillante n'ait pu prononcer des paroles qui, sorties de la bouche de ce pasteur mourant, auroient produit sur vous de plus vives et de plus durables impressions que celles que peuvent produire les miennes ! Mais lui-même, la dernière fois qu'il monta dans cette chaire et qu'il vous porta la parole, lui-même, comme s'il eût prévu le fatal événement, sembloit vous indiquer la résignation avec laquelle votre religion vous prescrit de vous y soumettre. Il vous expliquoit ces belles paroles de David, dignes d'un chrétien : *Je me suis tu, et je n'ai point ouvert la bouche, parce que c'est toi qui l'as fait.* Oui, Seigneur, nous imposons silence à nos plaintes : *Tu l'avais donné, tu l'as ôté, ton saint nom soit béni!* Mais permets à la voix de nos supplications de monter jusques aux pieds de ton trône, accessible aux affligés. Console, bénis ceux qu'il a laissés sur la terre! donne à ceux qui l'ont entendu de suivre ses préceptes et d'imiter ses vertus, afin qu'ils partagent son bonheur!

Portons notre pensée, mes frères, sur ce bonheur que nous pouvons posséder avec lui, et nous serons consolés : tant de motifs nous y sollicitent dans ce jour! La vanité de la plupart des biens de la vie; l'inconstance de ceux-là même qui justifient notre attachement; la grandeur et la stabilité de ceux qui doivent les remplacer; la sublime, l'éternelle existence qui nous est réservée dans les cieux, et même nos affections actuelles qui, embellies, agrandies, sanctifiées par le choix et le

bon usage que nous en aurons fait, augmente-
ront notre bonheur dans l'éternité par de con-
solans souvenirs, et répareront, en nous les
rendant ennoblies, nos pertes les plus doulou-
reuses. Nous n'avons pas entièrement perdu,
même ici bas, celui que nous pleurons; le
souvenir de ses leçons et de ses vertus nous
restera, et sa mémoire sera long-temps en bénédiction au milieu de nous. *Il ne viendra pas
vers nous*, il est vrai, *mais nous irons vers lui.*
Purifions, sanctifions nos affections terrestres;
elles seront célestes un jour. Remplissons ici-
bas tous nos devoirs, facilités par de si belles
destinées. Alors, (douce espérance, je ne puis
me séparer de vous, je vous embrasse avec
transport!) alors, pasteurs et troupeau, réunis
dans le jour solennel de la résurrection des
justes, nous irons au-devant de l'Agneau, et nous
entonnerons de concert ce cantique sacré :
*A celui qui nous a aimés, qui nous a lavés dans
son sang, qui nous a faits rois et sacrificateurs
à Dieu son père, à lui soit honneur et gloire,
force, empire et magnificence, dès maintenant
et à jamais ! Amen !*

A la fin de l'exercice religieux, pendant lequel cette Péroraison a été prononcée et entendue avec la plus vive émotion, le prédicateur a annoncé aux fidèles que les devoirs funèbres alloient être rendus au Pasteur dont ils déploroient la perte, et il les a invités à assister au convoi. Le cortège, parti de sa demeure, étoit composé des parens et des amis du défunt, de plusieurs fonctionnaires publics, des membres du Consistoire et d'un grand nombre de fidèles. Un détachement de la garnison de Paris, demandé par Son Excellence le Grand-Chancelier de la Légion d'Honneur, accompagnoit le cercueil. Le cortège étant arrivé au cimetière de l'arrondissement, M. Marron, pasteur et président du Consistoire, a prononcé, aux bords de la fosse, et au moment que le cercueil y a été déposé, un discours qui a fait répandre des larmes bien légitimes. Le détachement de la garnison de Paris a rendu au défunt membre de la Légion d'Honneur les honneurs usités.

DISCOURS

Prononcé aux obsèques de M. MESTREZAT,

le dimanche 10 Mai 1807,

PAR P. H. MARRON,

Président du Consistoire et Membre de la

Légion d'Honneur.

Ils n'ont pas été exaucés, les vœux de la tendresse conjugale, de la filiale piété, de l'amitié fondée sur l'estime et la reconnoissance, de la religieuse fraternité ! ô Dieu ! que la volonté soit faite ! L'Éternel donne, l'Éternel ôte ; béni soit le nom de l'Éternel ! Et dans quel jour, ô mon frère ! ô toi le digne objet de nos larmes et de nos regrets ! dans quel jour, dans quel lieu nous te rendons ici les derniers honneurs ! Dans ce jour sacré, où ta voix, forte de l'éloquence de l'ame et de l'inspiration de

la piété, célébroit dans nos temples, avec tant
de majesté et d'onction, les louanges de l'Éternel; nous exhortoit d'une manière si pressante
à la religion et à la vertu; faisoit à l'une et à
l'autre, inséparables compagnes, de si douces
conquêtes, ou fortifioit dans leur culte leurs
fidèles partisans. Dans ce lieu funèbre où cette
même voix a retenti en plus d'une occasion
semblable à celle-ci, pour avertir ceux qui
t'entouroient, du néant de la vie, de la fra-
gilité de toutes nos terrestres jouissances, de
l'attente d'un meilleur avenir. Ah ! c'est cet
avenir qui déjà n'est plus pour toi une vague
espérance, mais une possession assurée, mais
un glorieux et incorruptible héritage. Tes tra-
vaux et tes soins, fertiles dès ce monde pour
la gloire de Dieu en J. C., pour la salutaire
édification de tes frères, t'ont valu encore une
maturité précoce pour l'éternité rétributrice;
et, tandis que nous semons encore, déjà tu
recueilles, déjà ta céleste moisson te remplit
d'alégresse et d'honneur. Je t'entends aux pieds
de ton souverain juge : « Seigneur, voilà le
» dépôt que tu m'avois confié ! voici le fruit
» qu'il t'a rendu ! Me voici, Seigneur, et ceux

» dont tu as voulu que je te fusse comptable
» dans les diverses portions de ton domaine
» spirituel »! O mon Frère! parmi nous en par-
ticulier ta mémoire sera en bénédiction; le
souvenir de tes instructions saintes se perpé-
tuera dans nos familles; ton exemple sera un
long sujet de louange et d'émulation! Tu as
honoré un nom illustré depuis deux siècles
dans l'exercice des fonctions pastorales! tu l'as
transmis sans tache à ceux que tu laisses après
toi! que ton fils sur-tout le porte avec la même
distinction., si le Ciel l'appelle à fournir la
même carrière, ou quels que soient sur lui les
desseins de la Providence! Et vous tous, qui
concourez ici avec nous à l'acquit d'un pénible
devoir, remportez de ce lieu de profondes impressions de sagesse et de gratitude; de sagesse,
par un progressif détachement du monde et
par l'active recherche de biens impérissables;
de gratitude, pour un état de choses si différent
de celui où la proscription atteignoit notre
culte jusqu'aux bords de la tombe, où l'into-
lérance s'acharnoit encore sur nos restes ina-
nimés. L'Honneur va payer un tribut légal à
l'un de ses élus, comme la Religion a célébré

l'un de ses ministres. Braves militaires, remplissez ici votre mission ! j'ai rempli ma douloureuse tâche. Que le Dieu de miséricorde soit et demeure à jamais avec nous tous ! Amen !

www.ingramcontent.com/pod-product-compliance
Lightning Source LLC
Chambersburg PA
CBHW071703030726
47598CB00005B/2204